1 讓我們一起來速寫動物的基本圖形吧！在這裡，我們畫的是小鳥。

實用的小祕訣

蠟筆是很容易弄髒的，所以在使用蠟筆的時候，要注意喔！可不要把畫紙弄髒了。在使用每一個新的顏色以前，都要用乾淨的布來擦一擦你的手喲！

2 在一張卡紙上把身體、頭、翅膀和嘴巴的部分畫出來，然後剪下這些部分的模板，還有背景的雲。

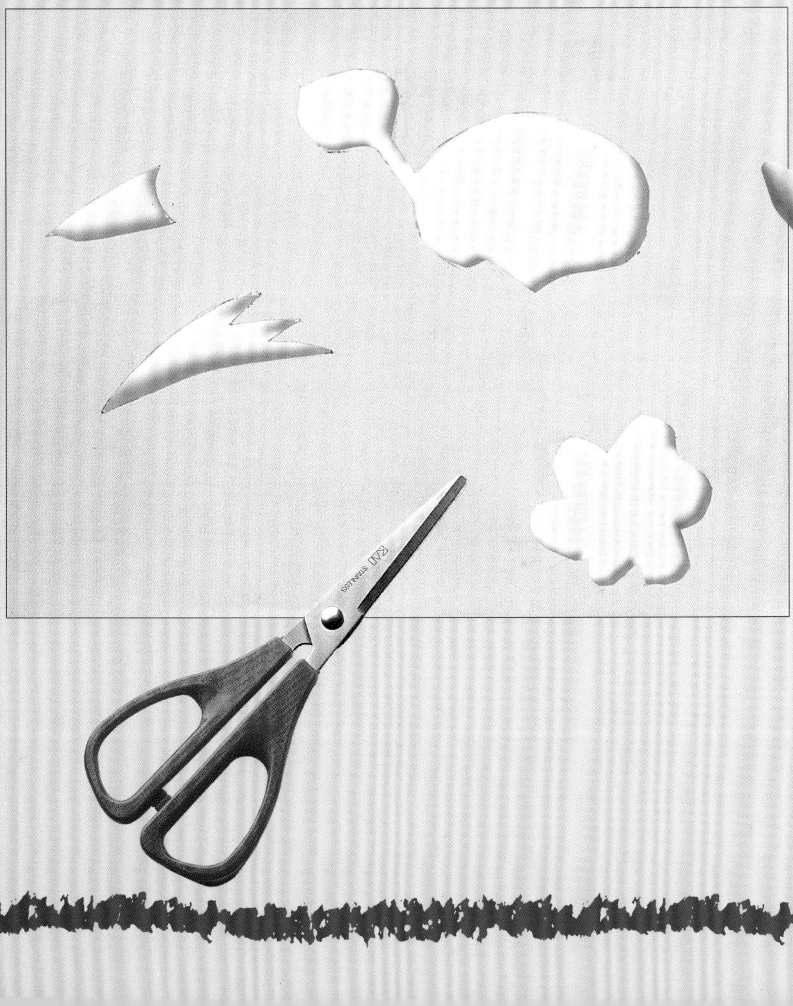

3 用蠟筆把每個圖案的邊緣塗顏色。每一個圖案都可以用一種或幾種顏色。

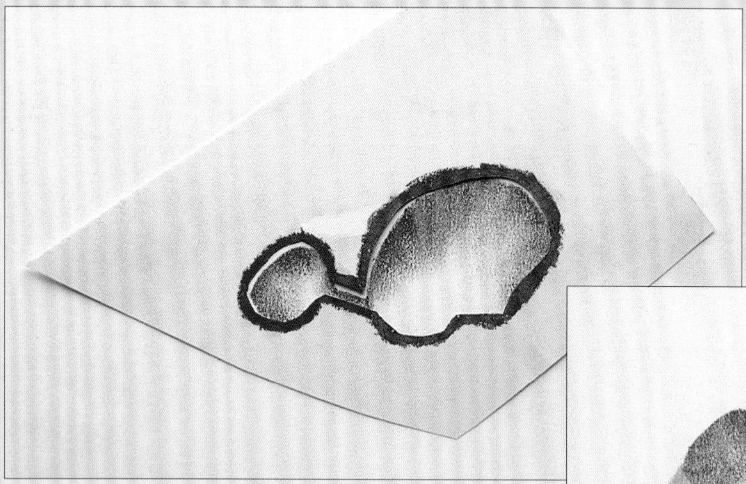

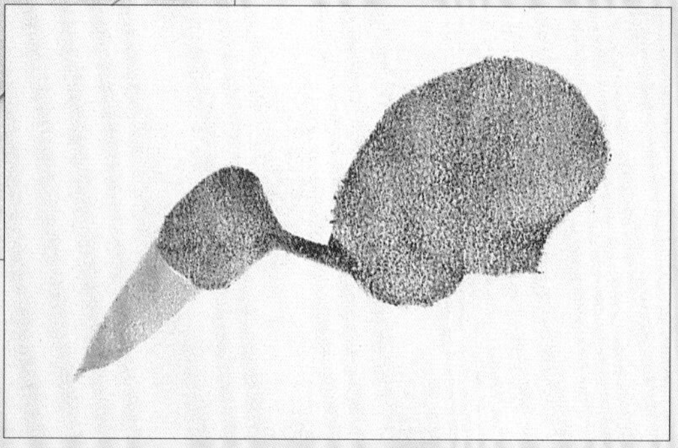

4 現在，我們把模板放在紙上，用手指頭把蠟筆往圖案中間塗抹。用這個方法，利用其它的模板把整隻鳥著色。

5 我們可以改變翅膀和尾巴的位置，來畫出各種不同動作的鳥。

6 用黑色蠟筆、白色蠟筆以及鉛筆，加上最後幾筆。

7 最後，試試看用這些模板，在另外一張紙上，創造出幾隻正在飛翔的小鳥吧！

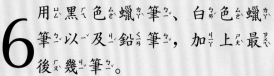

用海棉畫成的青蛙

我們可以減少用在海棉上的力量，來造成色調的漸層喔！

皮膚的紋路可以用任何兩種綠色的色調來著色。

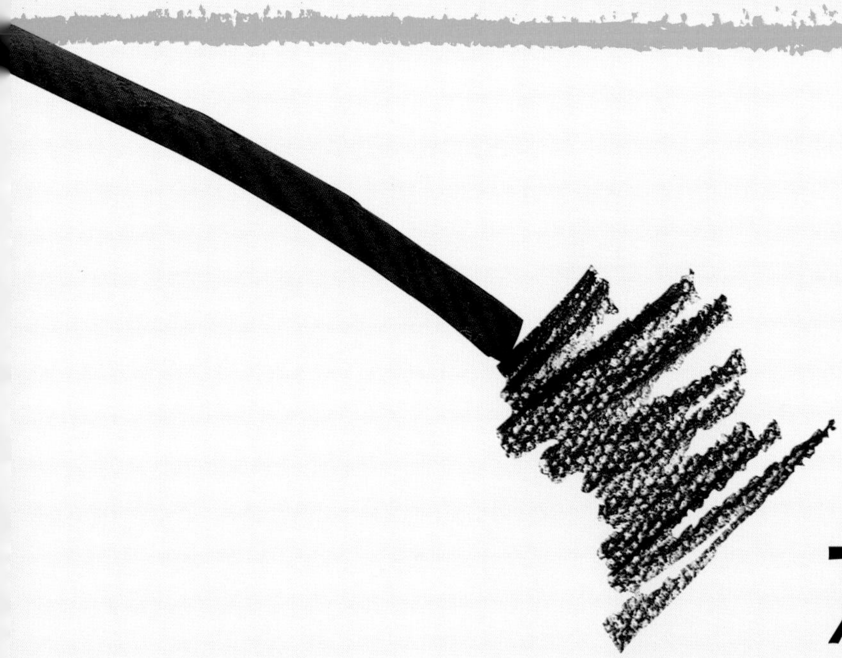

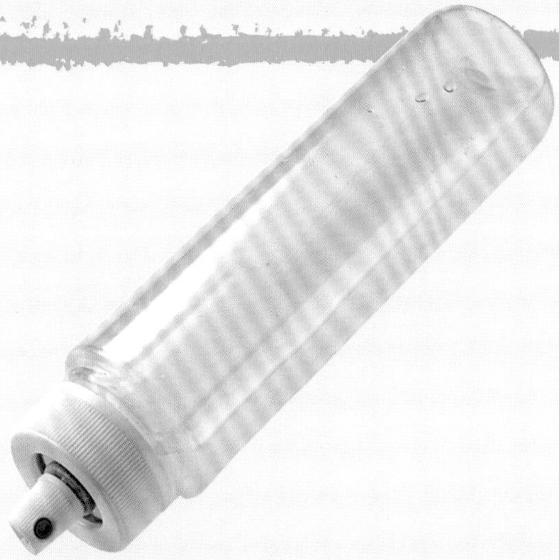

7 整張畫完成以後，在上面噴上一層保護膠*，免得把畫弄髒了。如果你沒有保護膠，用髮膠也是可以的。

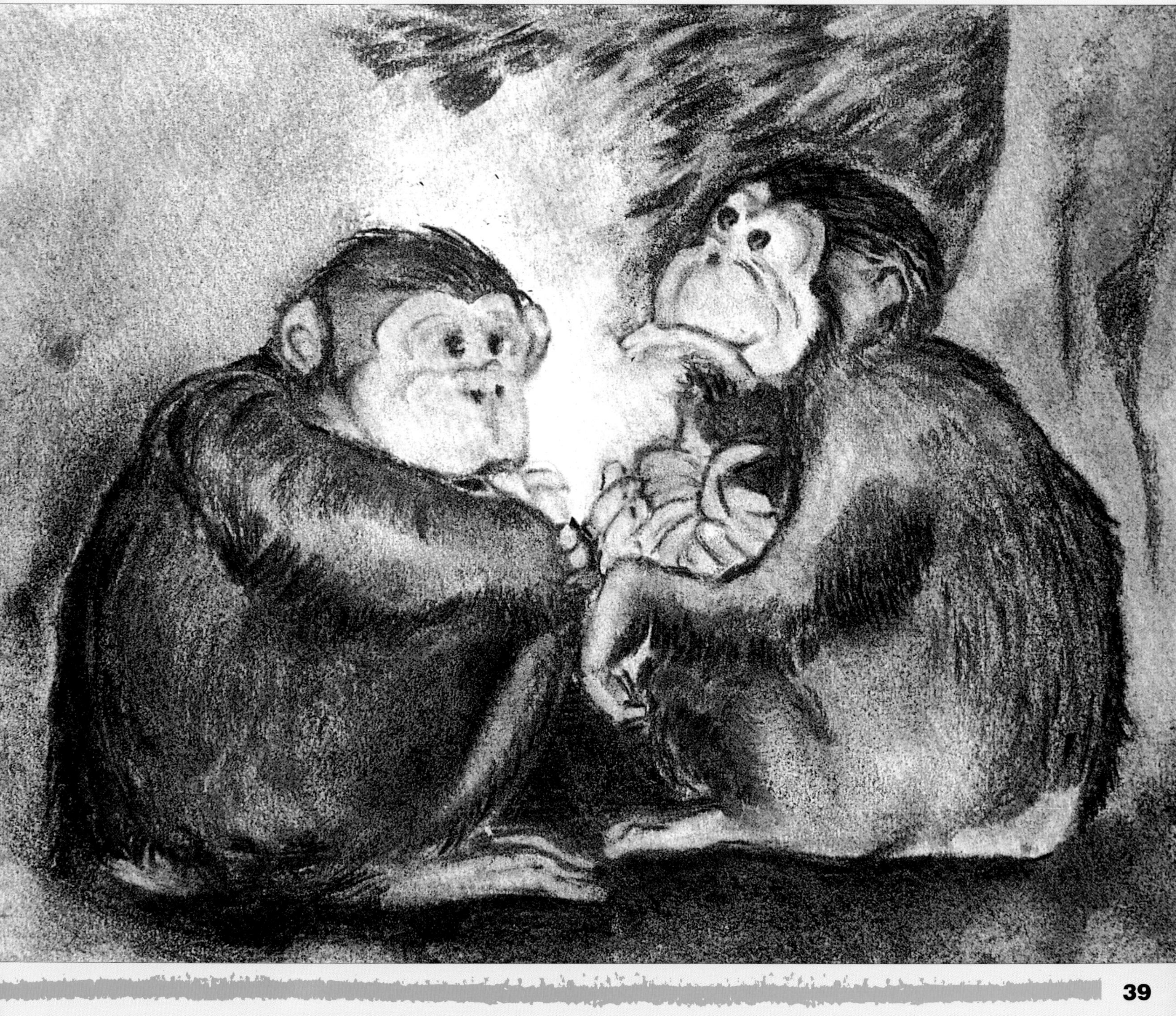

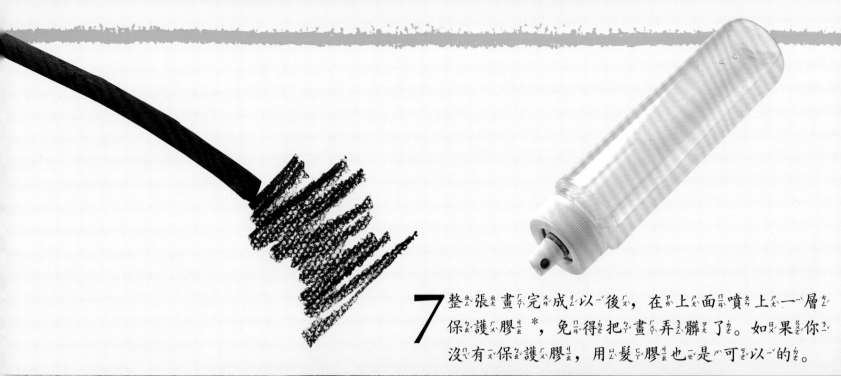

單色的變色龍

加上黑色，會產生最深的色調喔！

如果加上白色以後，顏色會變淺。

先把要著色部分的輪廓描出來，再用選好的顏色把它填滿。

最後的細部是用黑色來畫的，這樣子有凸顯細部的效果喲！

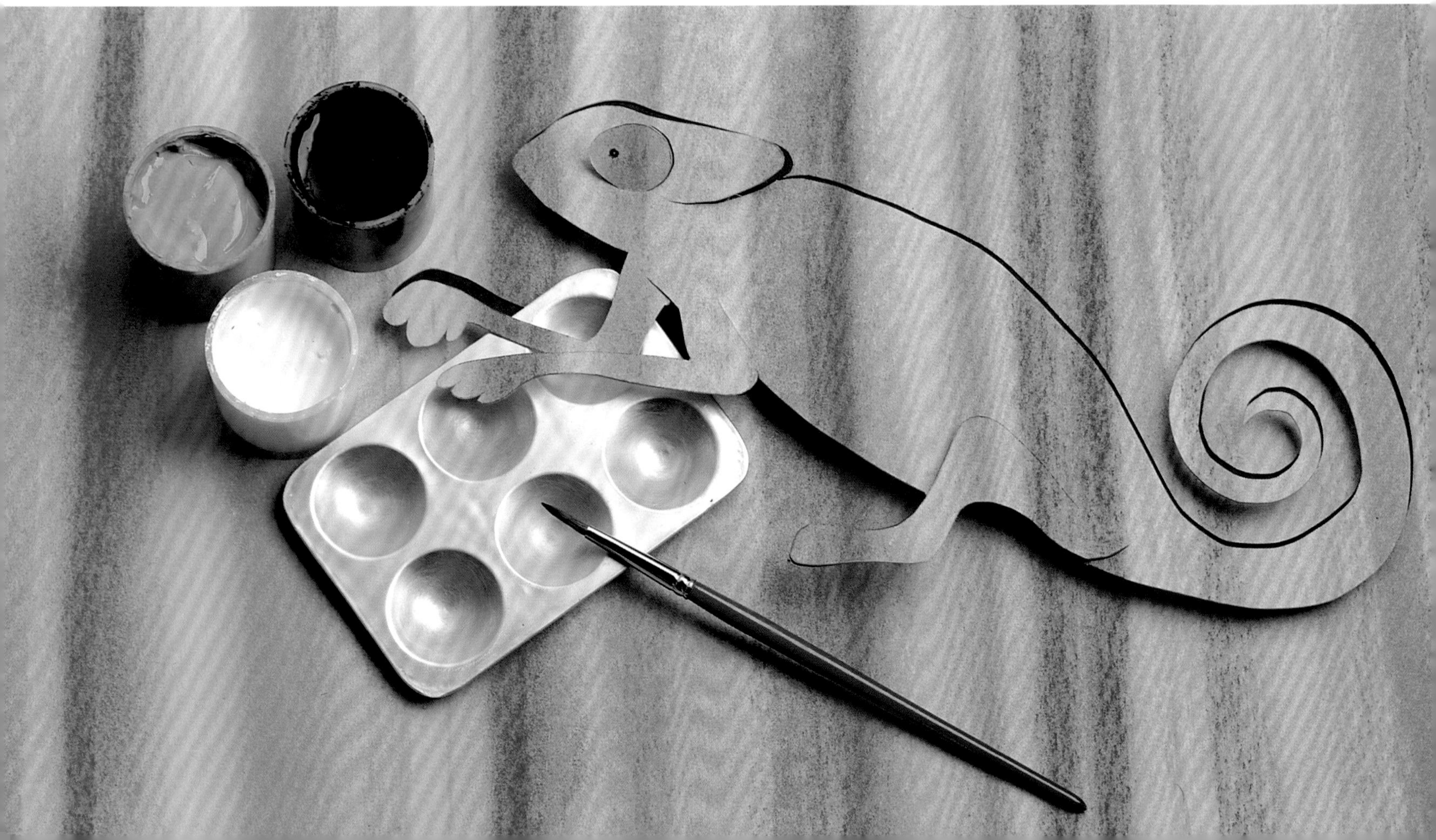

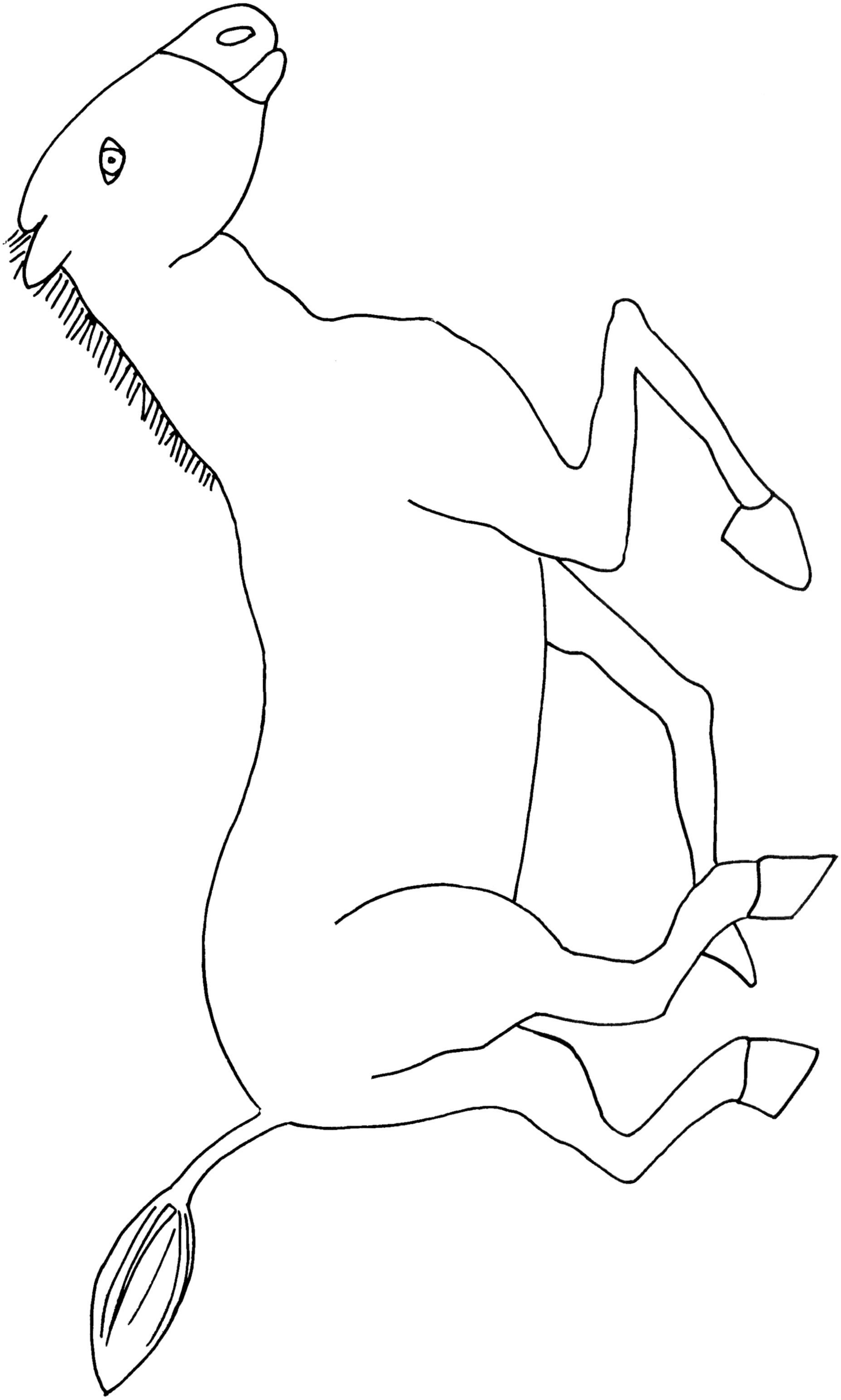